# This Money Manifestation Journal belongs to

Wealth floats around me daily

Date

Today I manifest

My money goal

Why I deserve it

# My Big Wish for Today

## My Big
## Today's win

What small step
I can make
to be closer
to my money goal

Date

# Today I manifest

## My money goal

## Why I deserve it

# My Big Wish for Today

My Big

Today's win

What small step
I can make
to be closer
to my money goal

Date

## Today I manifest

## My money goal

## Why I deserve it

# My Big Wish for Today

My Big

Today's win

What small step
I can make
to be closer
to my money goal

Date

# Today I manifest

# My money goal

# Why I deserve it

# My Big Wish for Today

## My Big Today's win

What small step
I can make
to be closer
to my money goal

Date

## Today I manifest

## My money goal

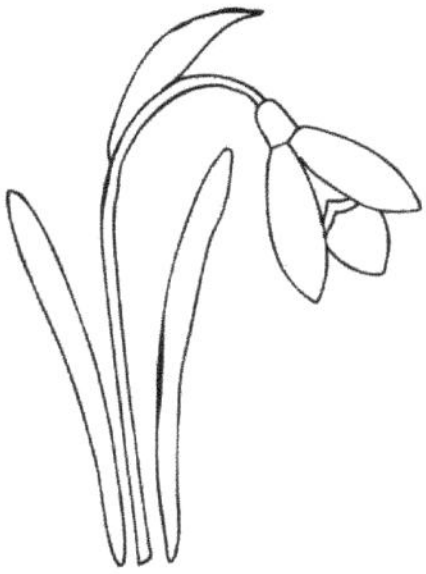

## Why I deserve it

## My Big Wish for Today

## My Big

## Today's win

What small step
I can make
to be closer
to my money goal

Date

# Today I manifest

# My money goal

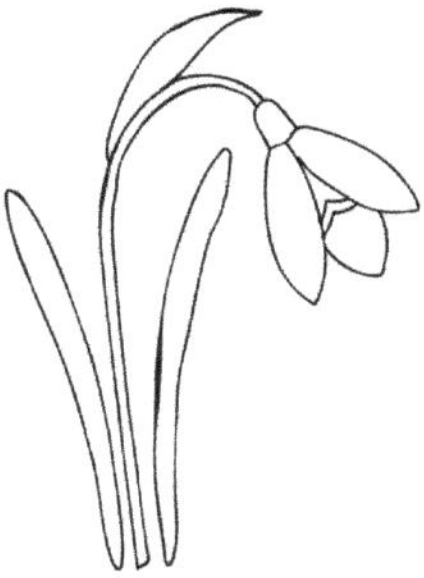

# Why I deserve it

# My Big Wish for Today

## My Big
## Today's win

What small step
I can make
to be closer
to my money goal

Today I manifest

Date

My money goal

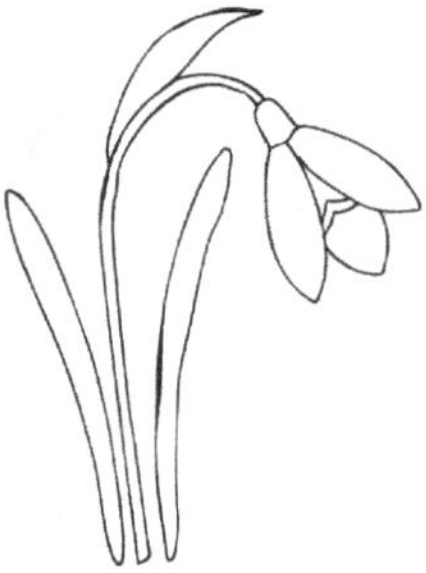

Why I deserve it

# My Big Wish for Today

My Big

Today's win

What small step
I can make
to be closer
to my money goal

Date

# Today I manifest

# My money goal

# Why I deserve it

# My Big Wish for Today

## My Big

## Today's win

What small step
I can make
to be closer
to my money goal

Date

# Today I manifest

# My money goal

# Why I deserve it

# My Big Wish for Today

## My Big Today's win

## What small step I can make to be closer to my money goal

Date

Today I manifest

My money goal

Why I deserve it

# My Big Wish for Today

My Big

Today's win

What small step
I can make
to be closer
to my money goal

Date

# Today I manifest

# My money goal

# Why I deserve it

# My Big Wish for Today

# My Big
# Today's win

What small step
I can make
to be closer
to my money goal

Date

Today I manifest

My money goal

Why I deserve it

# My Big Wish for Today

# My Big
# Today's win

What small step
I can make
to be closer
to my money goal

Date

# Today I manifest

# My money goal

# Why I deserve it

# My Big Wish for Today

My Big

Today's win

What small step
I can make
to be closer
to my money goal

Date

# Today I manifest

# My money goal

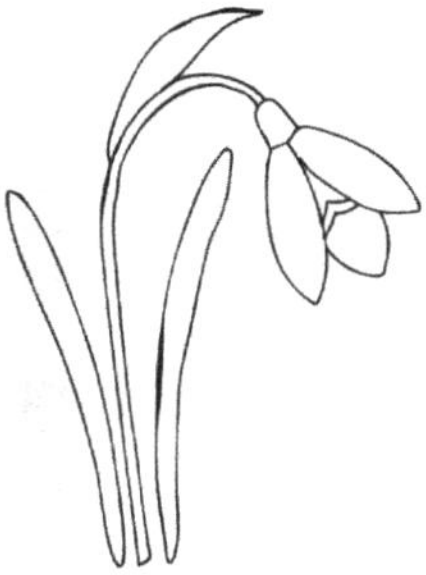

# Why I deserve it

# My Big Wish for Today

## My Big Today's win

What small step
I can make
to be closer
to my money goal

Date

Today I manifest

My money goal

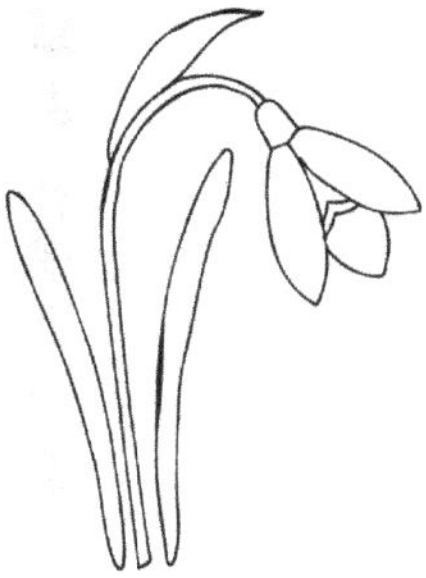

Why I deserve it

# My Big Wish for Today

## My Big

## Today's win

What small step
I can make
to be closer
to my money goal

Date

Today I manifest

My money goal

Why I deserve it

# My Big Wish for Today

## My Big
## Today's win

What small step
I can make
to be closer
to my money goal

Date

## Today I manifest

## My money goal

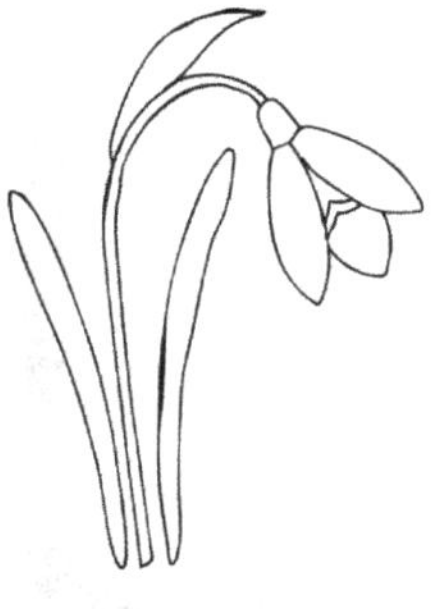

## Why I deserve it

# My Big Wish for Today

My Big

Today's win

What small step

I can make

to be closer

to my money goal

Date

## Today I manifest

## My money goal

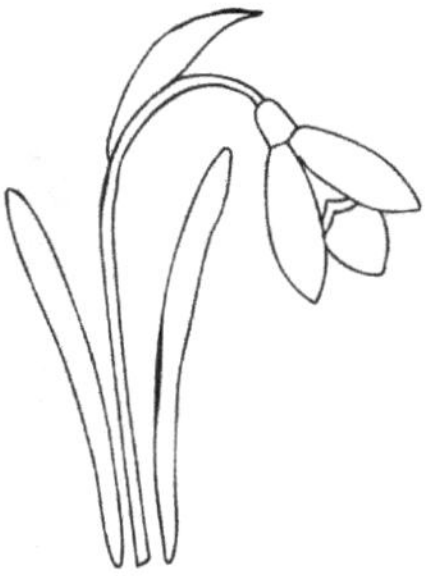

## Why I deserve it

# My Big Wish for Today

## My Big
## Today's win

What small step
I can make
to be closer
to my money goal

Date

# Today I manifest

# My money goal

# Why I deserve it

# My Big Wish for Today

## My Big
## Today's win

## What small step I can make to be closer to my money goal

Date

Today I manifest

My money goal

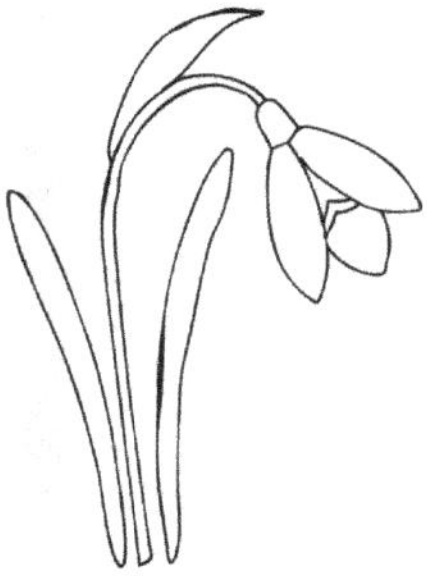

Why I deserve it

# My Big Wish for Today

## My Big
## Today's win

What small step
I can make
to be closer
to my money goal

Date

# Today I manifest

# My money goal

# Why I deserve it

# My Big Wish for Today

## My Big
## Today's win

What small step
I can make
to be closer
to my money goal

Date

# Today I manifest

# My money goal

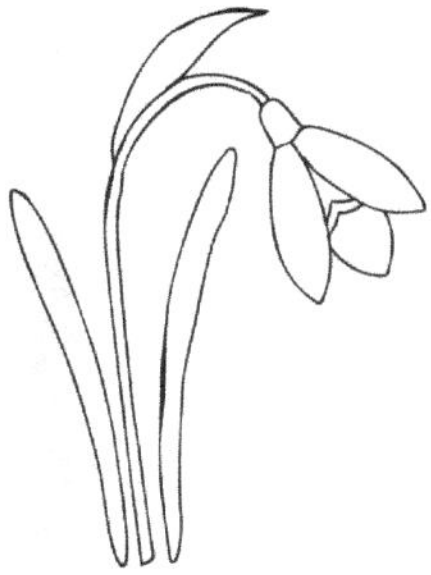

# Why I deserve it

# My Big Wish for Today

## My Big
## Today's win

What small step
I can make
to be closer
to my money goal

Date

Today I manifest

My money goal

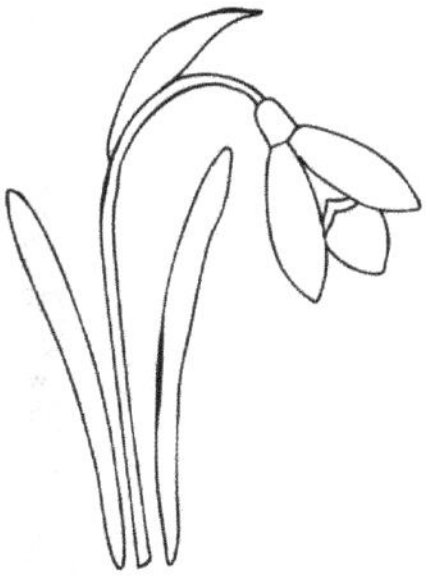

Why I deserve it

# My Big Wish for Today

## My Big

## Today's win

What small step
I can make
to be closer
to my money goal

Date

## Today I manifest

## My money goal

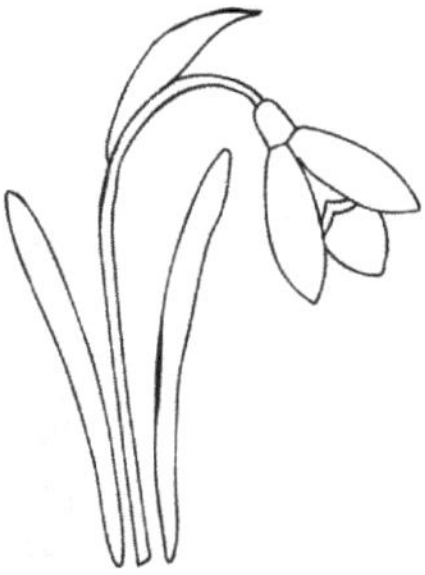

## Why I deserve it

# My Big Wish for Today

## My Big
## Today's win

What small step
I can make
to be closer
to my money goal

Date

# Today I manifest

# My money goal

# Why I deserve it

# My Big Wish for Today

My Big
Today's win

What small step
I can make
to be closer
to my money goal

Date

Today I manifest

My money goal

Why I deserve it

# My Big Wish for Today

## My Big
## Today's win

What small step
I can make
to be closer
to my money goal

Date

## Today I manifest

## My money goal

## Why I deserve it

# My Big Wish for Today

My Big

Today's win

What small step
I can make
to be closer
to my money goal

Date

# Today I manifest

## My money goal

## Why I deserve it

# My Big Wish for Today

## My Big Today's win

What small step
I can make
to be closer
to my money goal

Date

## Today I manifest

## My money goal

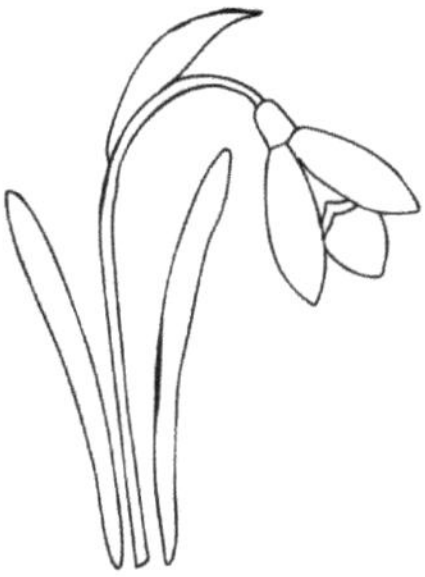

## Why I deserve it

# My Big Wish for Today

## My Big
## Today's win

What small step
I can make
to be closer
to my money goal

Date

Today I manifest

My money goal

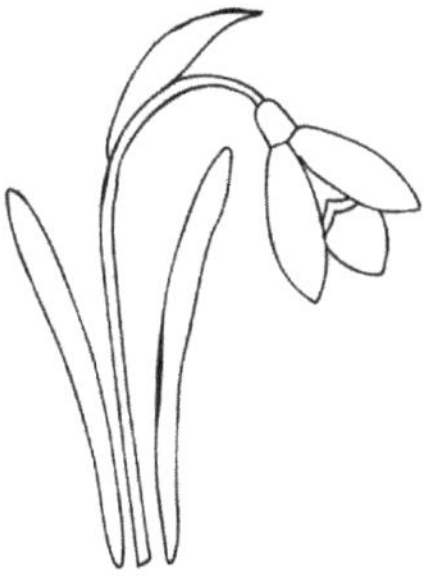

Why I deserve it

# My Big Wish for Today

## My Big
## Today's win

What small step
I can make
to be closer
to my money goal

Date

Today I manifest

My money goal

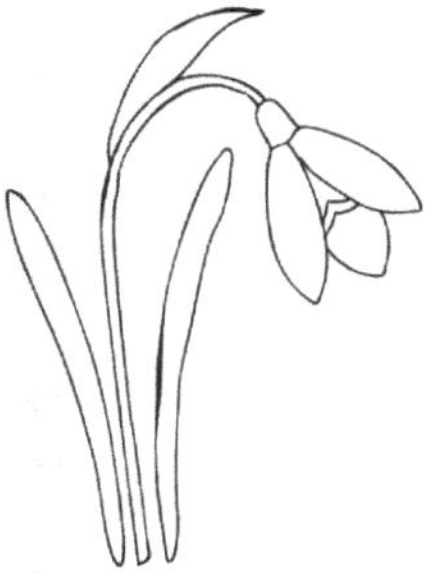

Why I deserve it

# My Big Wish for Today

## My Big Today's win

What small step
I can make
to be closer
to my money goal

Date

## Today I manifest

## My money goal

## Why I deserve it

# My Big Wish for Today

My Big

Today's win

What small step
I can make
to be closer
to my money goal

Date

# Today I manifest

# My money goal

# Why I deserve it

# My Big Wish for Today

## My Big Today's win

What small step
I can make
to be closer
to my money goal

Date

# Today I manifest

## My money goal

## Why I deserve it

# My Big Wish for Today

## My Big Today's win

What small step I can make to be closer to my money goal

Date

## Today I manifest

## My money goal

## Why I deserve it

# My Big Wish for Today

## My Big
## Today's win

What small step
I can make
to be closer
to my money goal

Date

Today I manifest

My money goal

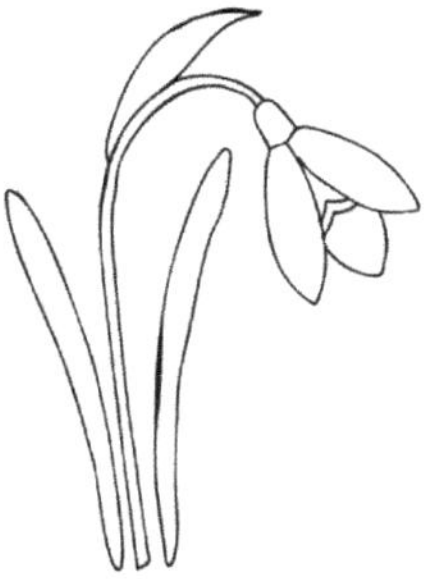

Why I deserve it

# My Big Wish for Today

# My Big Today's win

# What small step I can make to be closer to my money goal

Date

# Today I manifest

# My money goal

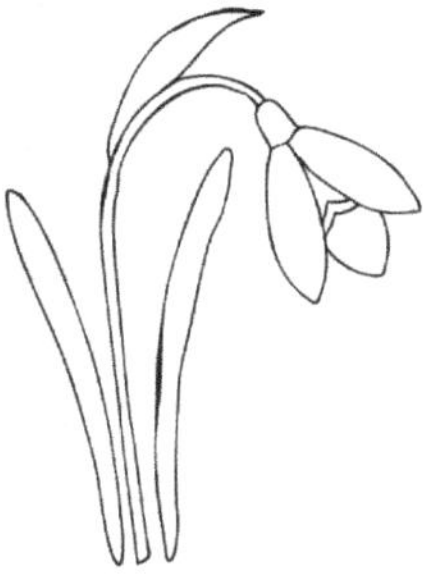

# Why I deserve it

# My Big Wish for Today

My Big
Today's win

What small step
I can make
to be closer
to my money goal

Date

## Today I manifest

## My money goal

## Why I deserve it

# My Big Wish for Today

## My Big Today's win

## What small step I can make to be closer to my money goal

Date

Today I manifest

My money goal

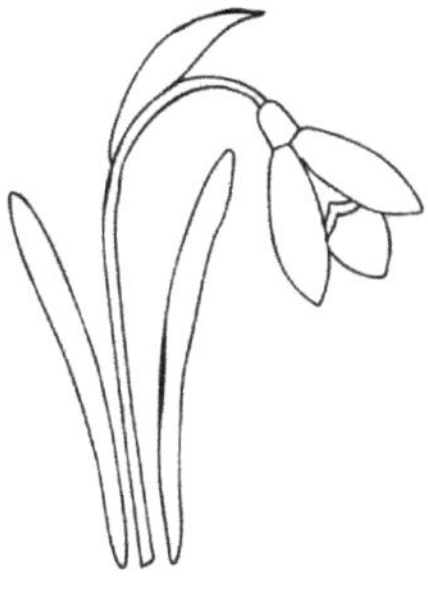

Why I deserve it

# My Big Wish for Today

## My Big Today's win

What small step
I can make
to be closer
to my money goal

Date

# Today I manifest

## My money goal

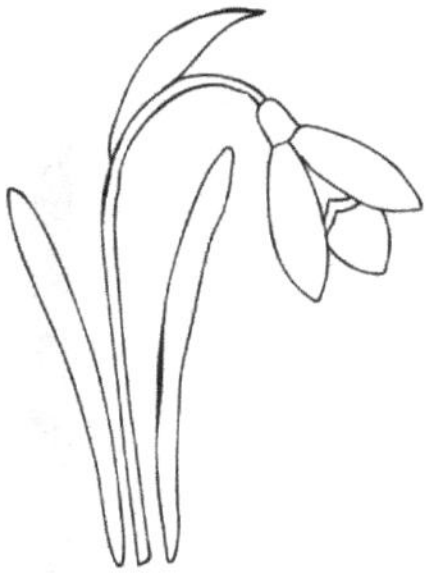

## Why I deserve it

# My Big Wish for Today

## My Big Today's win

What small step I can make to be closer to my money goal

Date

Today I manifest

My money goal

Why I deserve it

# My Big Wish for Today

## My Big
## Today's win

What small step
I can make
to be closer
to my money goal

Date

# Today I manifest

# My money goal

# Why I deserve it

# My Big Wish for Today

## My Big
## Today's win

What small step
I can make
to be closer
to my money goal

Date

## Today I manifest

## My money goal

## Why I deserve it

# My Big Wish for Today

## My Big
## Today's win

What small step
I can make
to be closer
to my money goal

Date

# Today I manifest

# My money goal

# Why I deserve it

# My Big Wish for Today

My Big

Today's win

What small step
I can make
to be closer
to my money goal

Date

Today I manifest

My money goal

Why I deserve it

# My Big Wish for Today

## My Big
## Today's win

What small step
I can make
to be closer
to my money goal

Date

Today I manifest

My money goal

Why I deserve it

## My Big Wish for Today

## My Big Today's win

What small step
I can make
to be closer
to my money goal

Date

Today I manifest

My money goal

Why I deserve it

# My Big Wish for Today

## My Big

## Today's win

What small step

I can make

to be closer

to my money goal

Date

Today I manifest

My money goal

Why I deserve it

# My Big Wish for Today

My Big
Today's win

What small step
I can make
to be closer
to my money goal

Date

Today I manifest

My money goal

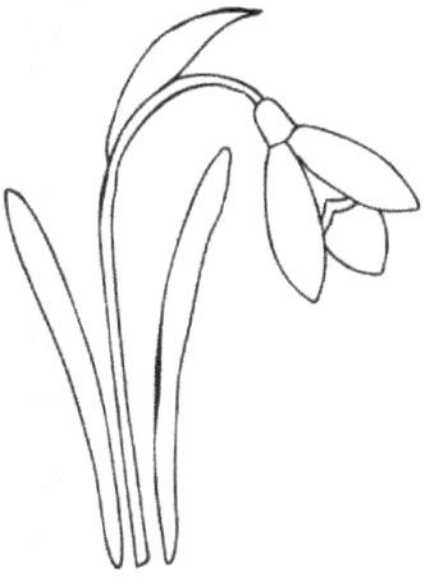

Why I deserve it

# My Big Wish for Today

## My Big
## Today's win

What small step
I can make
to be closer
to my money goal

CPSIA information can be obtained
at www.ICGtesting.com
Printed in the USA
LVHW080843160722
723666LV00033B/1527

9 781222 286243